本书系全国教育科学"十三五"规划2017年度单位资助教育部规划课题"区域推进海商教育的实践研究"（项目编号：FGB170626）和山东省基础教育教学改革项目"基于'以海育人'理念的区域海洋教育实践探索"（项目编号：3702001）之成果

基础教育海洋特色课程汇

海之容

小学心理与海洋融合课程

（四至六年级）

本册主编　松　梅

中国海洋大学出版社
·青岛·

基础教育海洋特色课程汇

顾　问

管华诗　中国工程院院士、中国海洋大学原校长

编 委 会

主　　任	杨鸿清	青岛市市南区教育和体育局局长
副 主 任	孙方凯	青岛市市南区教育和体育局总督学
	封安青	挂职青岛市市南区委教育工委副书记
	刘文明	青岛市市南区教育和体育局党组副书记
	于浩波	青岛市市南区教育保障中心主任
	孙　莉	青岛市市南区教育和体育局副局长
	徐　菲	挂职青岛市市南区教育和体育局副局长
	孙晓梅	挂职青岛市市南区教育和体育局副局长
	刁丽霞	青岛市市南区教育研究中心主任
	王　卫	青岛市市南区教育研究中心原主任
编　　委	董坤凌　解育红　关　茜　杨国青　胥　兵　杨希婷　杨　蔚	
	叶少远　颜秉君　徐慧颖　于凤丽　张会英　张培欣　臧旭东	
	韩　强　许占斌　松　梅　刘　琨　陈翠玉　王　蕾　王　山	
	于　泳　师　蓉　仪　琳　宋立群	
总 策 划	杨鸿清	
执行策划	刁丽霞　董坤凌　解育红	

本 册 主 编　松　梅

本册副主编　崔秀玲

本册编写人员　松　梅　崔秀玲　盛晓文　李　建　薛飞飞　王　珺
　　　　　　　吕绍红　王子宁

序

我国是海洋大国，主张管辖的海域面积约为300万平方千米，拥有18000多千米的大陆海岸线，以及许多美丽的岛屿和海滨城市。海洋蕴藏着丰富的宝藏，是我们生活家园的一个重要部分。我们应该在孩子们心中从小播下了解海洋、热爱海洋、利用海洋和保护海洋的种子。

青岛是我国海岸线上一颗璀璨的明珠。市南区有着美丽的风景，这里红瓦绿树、碧海蓝天，人民依海而生、因海而兴。市南区的教育工作者们为了让孩子们认识海洋、热爱海洋，编写了"基础教育海洋特色课程汇"丛书。该丛书涵盖了从幼儿园到初中各个学段的课程，充分体现了培养德智体美劳全面发展的社会主义建设者和接班人的教育方针。该丛书由浅入深、内容丰富、图文并茂，符合少年儿童的认知特点，是一套很有特色的地方教材，填补了我国海洋教育与学科课程融合方面的空白。

海洋强国梦是实现中华民族伟大复兴梦的重要组成部分。海洋教育不仅要在海滨城市推广，也要在内陆地区推广。"基础教育海洋特色课程汇"提供了很好的教材。希望市南区的老师们努力实践，并不断完善这套教材。

青岛市市南区是中国教育学会第一批教改实验区，从2003年开始我就与他们有密切的联系。看到市南区教育的发展和他们所取得的成绩，我非常高兴，特写此为序。

2019年3月16日

（顾明远 北京师范大学资深教授，国家教育咨询委员会委员，北京明远教育书院名誉院长，曾任北京师范大学副校长、国务院学位委员会评议组教育学科召集人、中国教育学会会长、世界比较教育学会联合会联合主席等职）

前言 QIANYAN

  从人类与海洋相遇的那一刻起，一个美丽的故事就开始了。自古以来，人类都在努力地了解海洋、开发海洋，与海洋和谐相处。因为海洋是人类文明的摇篮、资源的宝库，是人类生存与发展的重要基础和希望。

  我国是海洋大国。依据《联合国海洋法公约》，我国主张管辖的海域面积约为300万平方千米。我国漫长的海岸线逶迤蜿蜒，绘就了祖国壮丽雄伟的海洋美景。青岛，正是这条海岸线上一颗璀璨的明珠。市南区作为青岛市的主城区之一，依海而生，因海而兴，拥有无与伦比的海洋发展优势。

  然而，我国还不是海洋强国。为了积极践行习近平总书记提出的"要进一步关心海洋、认识海洋、经略海洋，推动我国海洋强国建设不断取得新成就"的指示精神，青岛市市南区教育和体育局以寻找海洋创新驱动为出发点，以全国教育科学"十三五"规划2017年度单位资助教育部规划课题"区域推进海商教育的实践研究"为抓手，进一步优化海洋远景规划，深度推进区域海洋教育实践研究。为了培养学生"亲海、爱海、知海、用海"的意识，激发他们保护海洋、探索海洋、维护海洋权益的责任感与使命感，青岛市市南区教育和体育局组织学科教研员和一线骨干教师，倾力打造并推出本套"基础教育海洋特色课程汇"丛书。

  "基础教育海洋特色课程汇"丛书涉及德育、智育、体育和美

育等方面的11个学科，覆盖幼儿园、小学、初中全学段。具备丰富教学经验的学科教研员和骨干教师组成的主创团队，陆续推出《海之魂》《海之韵》《海之蒙》《海之魄》《海之美》《海之奇》《海之妙》《海之德》《海之容》《海之旅》《海之秘》等分册，内容丰富，精彩纷呈。

　　本丛书图文并茂，设计精美，配图主要由市南区在校学生和教师亲手绘制。可以说，本丛书承载了市南教育人的海洋梦，凝聚了市南教育精英的智慧。本丛书的出版既是成果，也是起点。培养具有海洋素养的学生，是市南海洋教育人不懈的努力方向，而这套丛书则是我们砥砺前行的足迹。

　　本丛书的编写，得到了青岛市市南区教育和体育局领导和全体师生的鼎力支持和辛勤付出，中国海洋大学、青岛大学等高校海洋教育相关领域的专家也给予了大力支持。来自各方的帮助和支持，确保了本丛书的编创和出版工作得以顺利完成，在此谨向有关单位和人员表示衷心的感谢。

　　限于学科视野及能力，书中疏漏与不妥之处在所难免。我们热切希望在丛书的使用过程中，能够得到广大师生的帮助及相关专家的指导，以使其不断优化，日趋完善。

编　者
2019年3月

致同学们
ZHITONGXUEMEN

　　海洋，是生命的摇篮、资源的宝库、文化交流的通路、经贸往来的航道、国家安全的屏障。傍海而居的人们尽情享受着大海的赐予，并在长期与海洋的和谐相处中总结了丰富的涉海经验，传承着独具特色的海洋文化。海洋，是人类实现可持续发展的重要保障。

　　在浓郁的海洋文化的熏陶下，我们希冀处于青少年时期的你们，能够加强个人的道德修养，努力培养自强不息、海纳百川、自信乐观、开拓进取的必备品格，切实养成良好习惯，正确认识自己，更好地适应周围环境，实现素质的全面提升。

"海之容"丛书共分三册，一至三年级、四至六年级、七至九年级各一册。各册皆以海洋知识、海洋现象为切入点，引出主体活动，加入海洋元素，实现心理健康教育与海洋教育的融合，落实心理健康教育的要求。这套丛书也许会成为同学们的一个小帮手，陪伴大家在迎接纷繁复杂的成长挑战时，尽情享受成长的快乐。在此，让我们真诚地把感谢送给中国海洋大学孙艳霞教授，感谢孙教授的倾情指导，同时也感谢前期在搭建框架过程中付出劳动的金继翔、郭琳、卢芳、张明滋、徐洪翠、朱华、魏彩燕等老师。

同学们，让我们一起走进"海之容"，在学习和生活中培养如同海洋般宽广的胸怀和气质吧。我们热切期待着同学们的成长和进步！

青岛太平路小学　张育硕　绘

四年级

1. 遭遇大白鲨 ………………………………… 2
2. 像小鱼一样做独特的自己 ………………… 9
3. 跟着"老师"学本领 ……………………… 15
4. 鲫鱼和鲨鱼 ………………………………… 20

五年级

1. 海洋中的飞行家 …………………………… 28
2. 焦虑的鱼 …………………………………… 34
3. "海洋"和"月光" ………………………… 39
4. 做一条逆流而上的鱼 ……………………… 44

六年级

1. 小海豹的烦恼 ……………………………… 52
2. 情绪为伴,乘风破浪 ……………………… 57
3. 做善于学习的人 …………………………… 61
4. 告别溪流,涌入大海 ……………………… 68

青岛太平路小学　于欣雨　绘

四年级

1 遭遇大白鲨

心海导航

大白鲨是一种大型海洋食肉动物，牙齿非常锋利，特别具有攻击性，是危险的"大洋猎手"。

假如有一天你和伙伴在海上航行，你们站在甲板上眺望着广阔的大海。在蓝天白云下，成群结队的海鸥正在自由地飞翔，不时发出高亢欢快的叫声。习习的海风轻拂着脸庞，令人心旷神怡。突然，伙伴大喊："大白鲨！大白鲨！"此时，你会有什么感受？

生活中，当遇到令自己害怕的事情时，你该怎么办？

 心海遨游

 故事传真

感到害怕的小海龟

我是一只小海龟,生活在浩瀚的大海里。

有时候,我会感到害怕,比如突然听到海啸巨响的时候。

再比如做噩梦的时候,或是伙伴们要离开我的时候,我也觉得很害怕。

还有,当我遇到大白鲨的时候,我更害怕……

有时候不知为什么,我就是感到害怕!害怕时我浑身发抖,感觉心脏就要跳出来。

害怕时,我和好朋友紧紧地依偎在一起,向它说说我害怕的原因,就觉得舒服多了。

害怕时,我会找一个安全的地方,静静待一会儿,默默地看着游来游去的鱼儿,感觉也会好很多。

1. 话说害怕

关于害怕,小海和小容展开了讨论。你能回答他俩的问题吗?

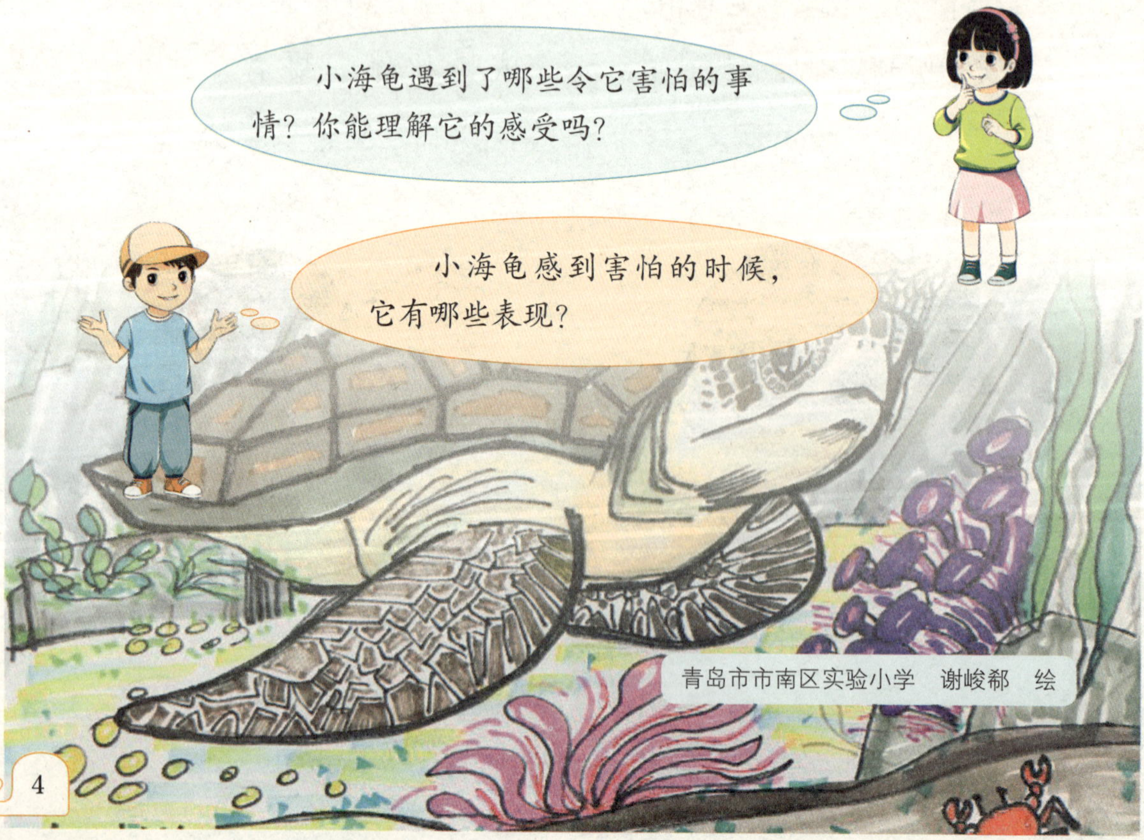

> 小海龟遇到了哪些令它害怕的事情?你能理解它的感受吗?

> 小海龟感到害怕的时候,它有哪些表现?

青岛市市南区实验小学　谢峻郗　绘

令小海龟害怕的事情有：

小海龟害怕时的表现：

2.涂鸦时刻：表达害怕

想一想，说一说：生活中，遇到什么事情会让你害怕？当你感到害怕时，那种感觉像什么，是什么颜色的？试着用合适的图案把害怕时的感受画出来吧！

活动要求

（1）请用彩笔画出你害怕时的感受，或者凭感觉随意涂鸦，可以配上文字说明哦！

（2）在小组中分享自己的作品和感受。

（3）把自己的感受画出来、说出来之后，此刻你又有怎样的感受？

如何面对害怕？

分享：小海龟面对害怕的方法有哪些？你喜欢哪种？你还会怎么巧妙面对？

探究：每人分享三到五条妙计，组长将妙计汇集在心形彩纸上。

集思广益：小组成员将所有的妙计进行分类整理，并为每个类别命名。

交流分享：小组推选一个代表，与全班同学分享你们小组的妙计。

害怕是在提醒我别独自到危险的海沟,别靠近大白鲨。害怕保护了我。

感知体验

当你感到害怕的时候,请试着和它打招呼,在心中不断问候它:"你好,害怕!你好,害怕!谢谢你的出现!"此时,你再体会一下内心的感觉,跟刚才的害怕有什么不一样。

我好像不再那么讨厌害怕了。

我……

我真没想到害怕,还可以保护我们!

心海拾贝 ▶

通过学习，你对害怕有了哪些认识？把这些认识写下来吧！

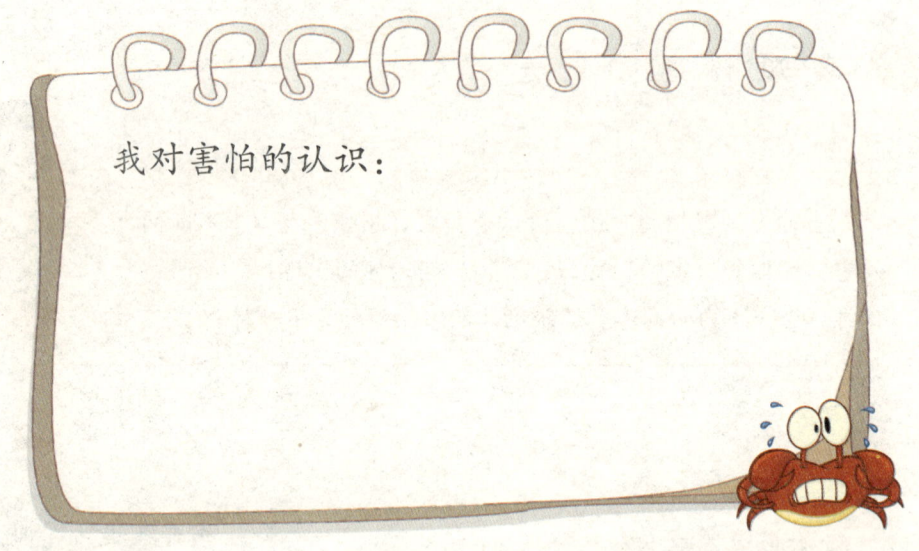

我对害怕的认识：

心海延"深" ▶

〰〰 拥抱恐惧 〰〰

恐惧的定义是惊慌害怕。恐惧是一种高能量的情绪，可以帮助我们提高神经系统的灵敏度，提高对潜在危险的警觉性，并本能地迅速做出反应，如选择逃离、大声呼救。

真正勇敢的人，并不是没有恐惧，而是带着恐惧，坚持前行。

2 像小鱼一样做独特的自己

心海导航 ▶

大海中，有条叫"丹尼"的小鱼。他发现：在不同的海域，生活着不同的鱼儿；即使在同一片海域，游来游去的鱼儿也各不相同。更令他吃惊的是：自己和任何一条鱼都不一样。

和鱼儿一样，我们每个人都是独特的自己。

心海遨游

故事传真

丹尼和他的"发现"

丹尼出海探索了一整天，当穿过海浪游回家时，他发现不同的鱼游的方向并不相同：有些游向左边，而有些游向右边；有些游向上方，而有些游向下方。

丹尼不禁又仔细观察，发现：不同的鱼，其形态、喜好则完全不同。

每一条鱼都是独特的！

丹尼感叹道："鱼可真多呀！每条鱼都有值得分享的特别之处。"

（改编自绘本《勇敢做自己》，[美]琳达·克兰兹著/绘，薛亚男译，北京科学技术出版社，2013年）

青岛市市南区实验小学　曾繁博　宋沛轩　绘

青岛德县路小学　王思涵　绘

感知体验

话说"独特的自己"

关于丹尼的故事,小海和小容展开了讨论。你能回答他俩的问题吗?

和鱼儿一样,每个人都是独特的,你了解自己吗?

你能把自己的优点、特长和爱好介绍给他人吗?

活动要求

(1) 在心形纸上写出自己的优点、特长和爱好。

(2) 将写好的内容与小组的其他成员交流分享。

(3) 说出其他成员的优点和特长。

1. "发现自我"的妙计

探究：小组成员每人分享一到两条"发现自我"的妙计，组长进行汇集。

集思广益：将所有的妙计进行分类，为每个类别命名。

交流分享：小组推选一个代表，与全班同学分享你们小组的妙计。

反省自己法　　听取别人评价法　　_____法

2. 再说"独特的自己"

在绘本《勇敢做自己》中写道："在蓝色的大海里，有数以万计的鱼，而每条鱼都是独特的，这些鱼一起组成了我们这个多彩而美丽的世界。"

你是怎么认识"独特的自己"的？

我是这样认识的：

我们就是独特的自己！

我……

正因为有了独特的我们，我们的班集体才如此富有活力呀！

所以，我们要正确地认识自己。当你失落、迷茫的时候，不妨用上今天学习的"发现自我"的方法，相信你会更加了解精彩的自己！

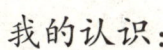 心海拾贝

通过学习，你对"发现自我"有哪些认识？把这些认识写下来吧！

我的认识：

> 心海延"深"

做独一无二的自己

每条鱼都有自己独特的地方，每朵浪花也都各自不同，我们人类不也是一样的吗？每个生命都是独一无二的，我们可能不完美，但每个人都是唯一的，这样才有了我们多彩的世界。

3 跟着"老师"学本领

心海导航 ▶

亲爱的同学们，你们知道吗，大海里也有"老师"呢！我们人类从海洋动物那里学到很多很多本领，它们有的教我们潜水，有的教我们定位，还有的教我们预测风暴……海洋生物究竟是如何做人类的"老师"的呢？一起去神秘的大海里看看吧。

心海遨游 ▶

鱼鳔与潜水艇

鱼在水中游动时，它既能浮在水面上，又可以潜入水底，这是为什么呢？为了探究这一奥秘，科学家把鱼剖开，发现它的体内有一个像气球似的白色囊状器官，这个器官叫鱼鳔。鱼

鱼鳔

鳔收缩时，鱼就下沉；膨胀时，鱼就上浮。

受到鱼鳔的启发，科学家们发明了潜水艇。他们在潜水艇上装上多个蓄水舱：当潜水艇要下潜时，就把蓄水舱中注满水；当潜水艇要上浮时，就排出蓄水舱中的水。当蓄水舱中水的体积不发生变化时，潜水艇就可以在水下某一深处悬浮。这样，潜水艇就可以在水中自由地上浮下潜了。

目前，潜水艇在军事领域有着广泛的应用，为我国国防事业作出了重要的贡献。看来，海洋动物真是人类的好"老师"呀。

忆海寻珠

回忆三位让你印象深刻的老师，把这些老师身上让你敬佩的优点写下来，在小组内交流分享。

我的分享：

 思 考 讨 论

说一说，你从这些老师那里学到了哪些本领。

分享交流后，组长带领组员把大家的收获进行分类整理。

学习方法	良好习惯	品格修养

我从数学老师那里学到了口算的方法。

我从心理老师那里学会怎样应对挫折。

英语老师帮我养成每天听英文录音的好习惯。

通过活动,我想说:

心海拾贝 ▶

你希望从老师身上学到哪些新本领呢?把它们写在小鱼上,当作我们今后努力的目标吧。

📝 心海延"深"

向我们的老师学习

人的一生，是一个不断学习成长的过程。在这个过程中，我们要时刻以谦虚的态度向他人学习。老师就是我们学习的好榜样。他们不仅用自己的学识和修养影响着我们，还时刻帮助我们发现自己的独特之处，让我们更好地认识自己。尊敬我们的老师，不仅要礼貌地向他们问好，更要牢记他们的教诲，学习他们的品行和智慧。

4 鲫鱼和鲨鱼

> 🖊 **心海导航** ▶

　　鲫鱼，身体细长，头偏小，头与体前端的背侧扁平，有一长椭圆形吸盘。鲫鱼游泳能力很差，常常附在鲨鱼、海龟、鲸的腹部或船底，搭便车免费旅游。

　　我们一起来看看鲫鱼和鲨鱼的故事吧。

心海遨游

鲫鱼与鲨鱼

大海深处，一条鲨鱼正在向一条鲫鱼诉苦。

鲨鱼：大家都知道，我可是海洋中最凶猛霸道的鱼了。但是，我也有自己的烦恼。我庞大的身躯上经常会黏着很多可恶的寄生虫，这些小小的寄生虫给我的生活造成了很大的困扰。

鲫鱼：唉，我也很苦恼呢。虽然我也是鱼，但我的游泳技术实在是太差了。我想去远处看看，都不行。

……

一番交谈后，鲫鱼和鲨鱼达成合作协议。

不久，海洋中出现了一对好搭档，形影不离。

鲨鱼：那些可恶的家伙们终于不见了。谢谢你，鲫鱼，多亏了你的帮助，我现在浑身舒畅。

鲫鱼：我终于能到处旅游了，还能吃到免费食物。也谢谢你，鲨鱼。现在，我觉得幸福极了。

1. 涂鸦时刻

鲫鱼和鲨鱼通过互帮互助，解决了各自的难题。如果你在学习和生活中也遇到难题，你会有什么感受，又会怎么做呢？

活 动 要 求

（1）请用彩笔把你对难题的感觉画在纸上或凭感觉随意涂鸦，当然可以配上文字说明哦！

（2）在小组中分享自己的作品。

我的作品：

难题经常让我们苦恼。

可是，难题也有其自身的价值，你发现了吗？

2. 与难题面对面

难题会给我们的生活、学习带来困惑，但有可能也是我们成长路上的铺路石。只有解决掉成长路上的一道道难题，我们才会越来越优秀。那么，我们该怎样面对难题呢？

活动要求

两人一组,一位同学扮演"自己",一位同学扮演"难题"。

"自己"根据提示依次表演以下三个动作:"难题,我讨厌你""难题,我不怕你""难题,我愿意和你在一起"。

"难题"则根据自己的感受依次做出回应。

然后,两位同学交换角色。

思考讨论

(1)在刚才的活动体验中,你最强烈的感觉是什么?为什么?

(2)做哪个动作时,你心里更舒服一些?为什么?

> 做第一个动作时,我很难受,对"难题"不友好,它也让我难受。

> 做第三个动作时,我很舒服,感觉"难题"对我也很友好。

成长路上，难题会与我们如影随形，伴随我们左右。转变心态，接纳难题，你会离成功越来越近！

与难题共舞

活动要求

一位同学扮演"自己"，另一位同学扮演"难题"。

（1）"自己"友好地看着"难题"，在内心感谢"难题"的存在，感谢"难题"激发了自己的潜能。

（2）在音乐的伴随下，邀请"难题"一起舞蹈。

（3）勇于接纳并邀请更多的"难题"（将身边的小伙伴当成学习或生活上的"难题"），一起舞蹈。

现在，再来看看刚上课时你的画作，你对"难题"的感觉有所改变吗？如果有，请在刚才的作品中再加上你喜欢的颜色，或者再作一幅画。画完后，仔细体会"难题"在这幅作品中的感觉，并选择一个词来形容此时你对"难题"的感觉。

心海拾贝

通过学习，你对"难题"有新的认识了吗？赶紧把它们写出来吧！

我的新认识：

（1）难题也有其自身的价值。

（2）_____。

（3）_____。

（4）_____。

（5）_____。

心海延"深"

与难题共舞

每个人在成长过程中都会遇到难题。如果选择逃避，它依旧在那里，永远也得不到解决；与难题友好相处，我们就可以了解它、超越它，成就更好的自己。难题的背后都蕴含着成长的契机，勇敢地面对并解决它，你的人生将会更精彩！

1 海洋中的飞行家

心海导航 ▶

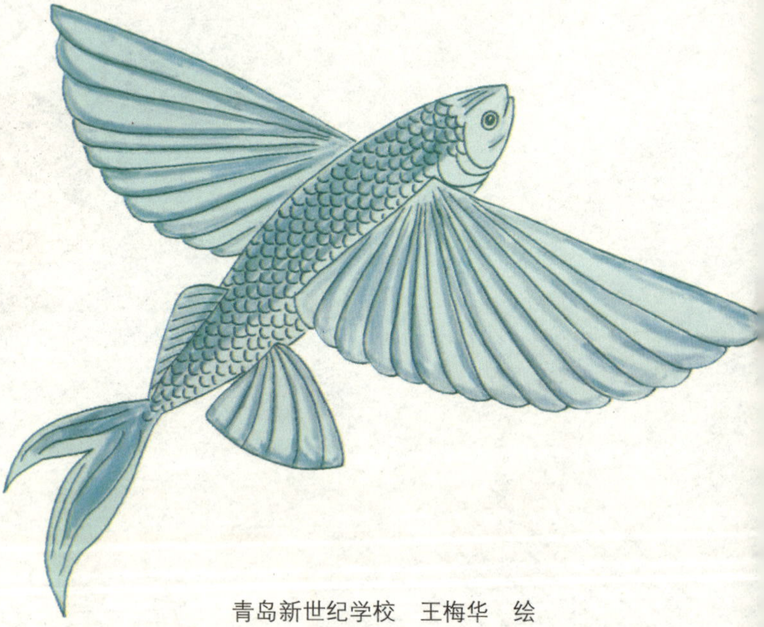

飞鱼，长相奇特，体型短粗，胸鳍特别长，甚至可以达到体长的 3/4。这巨大的胸鳍让飞鱼在鱼类大家族中显得特别另类，但也正是这独特的胸鳍帮助它成了海洋中的飞行家。

青岛新世纪学校　王梅华　绘

和飞鱼一样，我们每个人既有不足也有优点，只是有时候往往过于关注自身的不足，而忽视自己的闪光点。我们需要了解自己的优点，发现自己更多的闪光点。

心海遨游

飞鱼"飞行"的秘密

科学家通过高速摄影揭开了飞鱼"飞行"的秘密。

确切地说,飞鱼并不会飞,只能进行短距离的滑翔。飞鱼准备离开水面时,必须在水中高速游泳,胸鳍紧贴身体两侧,像潜水艇一样稳稳上升。在海面上,飞鱼必须用尾部用力拍水,使身体射入空中;跃出水面后,打开胸鳍和腹鳍快速向前滑翔。飞鱼在滑翔过程中,"翅膀"并不扇动,而靠尾部的推动力在空中做短暂的"飞行"。

正是这种本领,让飞鱼过上了更安全的生活。

善良、认真、开朗、聪明、自信、热情、诚信、负责、努力、勇敢、整洁、坚强、细心、尊重他人、乐于助人、善于交朋友……

上面列出的优点,你具备哪些?

除了上面列出的优点外,你还有哪些独特的优点?

可以向同学、老师、家长了解他们眼中的你还有哪些优点。

请你把自己的优点写在下面的这些泡泡里吧！

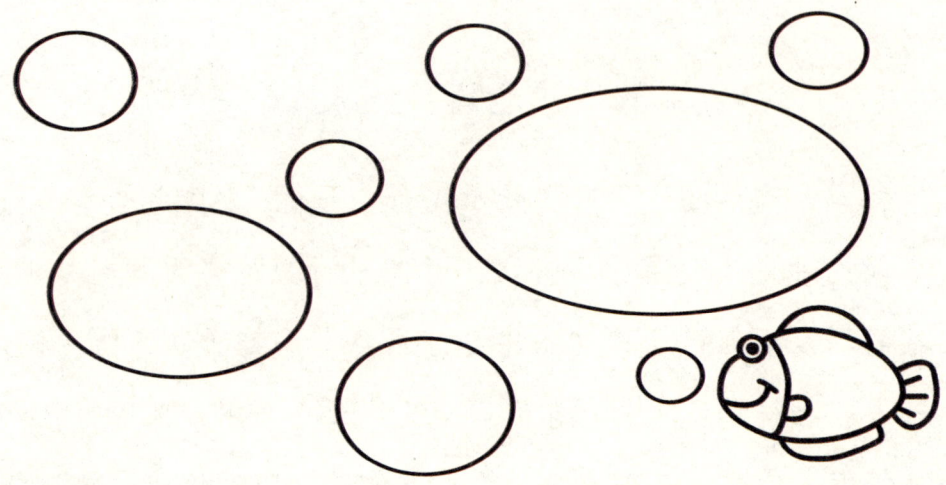

将自己的优点都列出来，经常用赞美的眼光去看它们，最好能熟记于心；通过不断欣赏自己的优点，逐渐树立一个信念：我是一个有价值、有能力、与众不同的人。

每个人都有优点和不足，在小组内讨论一下拥有更多优点的小妙招吧。

要善于发现自己的优点，接纳自己的不足。

要充分发挥自己的优势。

当得到赞扬和获得成功时，要尽情体验它们带来的喜悦。

我的小妙招：

青岛文登路小学　王宥惜　绘

> 心海拾贝

三个椭圆的启示

我们每个人都希望成为自己理想的样子，可现实不一定如自己所愿。但是，我们可以积极地接纳自己的缺点和不足，挖掘自身的潜能，做最好的自己，让自己拥有独一无二的光芒。

请在下面的三个椭圆里，分别填写"我擅长的事情""让我快乐的事情"和"我感到有意义的事情"。

小贴士

每个椭圆里可以写多件事情，属于两个或三个椭圆的事情可写在相应的重叠部分哦！

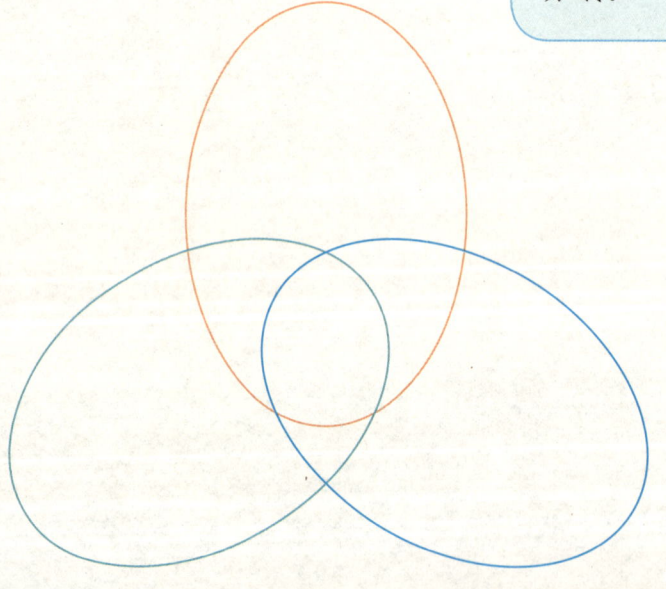

哪些事情是这三个椭圆里都有的？你得到了什么启示？

心海延"深"

悦纳自己

每个人来到世上，都不是十全十美的。那么，我们该如何看待自己呢？《庄子·内篇》中记载了这样一个故事，这个故事很好地回答了这个问题。

有个叫子舆的人，生病后驼背、隆肩、颈椎弯曲异常。朋友来看望他，同情地问道："你一定为自己的形象而感到苦恼吧？"子舆昂然回答说："我为什么要苦恼呢？如果老天把我的左臂变成一只公鸡，我就让它高亢地鸣叫为人们报晓；如果老天把我的右臂变成一把弹弓，我就用它打下鸮（xiāo）烤着吃；如果老天把我的屁股变成车轮，把我的头脑变成马，我正好可以乘坐它们出行。上天赋予我的一切，我都可以充分利用它，我为什么要为此而苦恼去讨厌它呢？"

世人皆爱美，但是子舆没有讨厌自己生病后的样子，反而以乐观的心态欣赏自己，不为自己的不足而自卑。对于我们来说，无论自己的相貌或其他特质如何，都要积极地接纳与欣赏自己，不断地挖掘自身的价值。

青岛新世纪学校　朱笑冉　绘

2　焦虑的鱼

🖊 心海导航 ▶

在浩瀚的海洋里，生活着各种各样的海洋生物，它们看似无忧无虑地畅游在自己美丽的家园，享受着同伴间嬉戏玩耍的快乐，其实它们也会有自己的焦虑。比如，小鱼时刻提防被大鱼吃掉，大鱼也会为觅食、繁殖等事情四处奔波。

生活在陆地上的我们，偶尔也会出现一些焦虑的情绪。

心海遨游

 故事传真

大鱼的焦虑

在遥远的大海里,有一条无忧无虑的大鱼,它每天带着一群小鱼在海中自由穿梭、觅食。突然有一天,大量含有各种化学毒素的工业废水被排入大海,海水立刻变得浑浊起来。慢慢地,鱼儿们开始呼吸困难,个别小鱼甚至失去了生命。望着这悲惨的景象,大鱼每日忧愁,担心不幸会降临到自己及好友的身上。

你是否也像这条大鱼一样,有让自己焦虑的事情呢?

 感知体验

1. 自我测评

画出你的"焦虑树"。

活动要求

(1)拿出一张纸,画一棵"焦虑树"。树上结着果子,每一个果子代表一件让自己焦虑的事情。你有多少件让你焦虑的事情,就画多少个果子,还可以给果子涂上不同的颜色。

(2)观察自己的"焦虑树",并在小组中分享自己对焦虑的认识。

对于焦虑,小海和小容有不同的认识。

适度的焦虑可以提高大脑的反应速度和警觉性。

焦虑具有因人、因时、因地而异的特点。

2. 自我调控

我们该如何释放自己的"焦虑"呢?

活动要求

(1)选择一个最让自己焦虑的"焦虑果",把它想象成令自己恐惧的事物,比如说"恶魔""怪兽""老虎",甚至可能只是一些线条或点点。

(2)拿出第二张纸,在纸上画下自己想象出来的事物。

(3)给自己画下的事物"化装",让它变成好玩的样子。比如,给"恶魔"涂上红唇、穿上公主裙,把它变成一个"小丑"。

(4)在小组中分享自己的作品,在绘画和表达的过程中释放自己的焦虑。

赏识自我

（1）拿出第一张纸，观察"焦虑树"上的每一个果子，此刻，你会用哪些方法摘下这些果子呢？

（2）在小组内分享各自的方法，组长将这些方法进行分类并记录到心形纸上。

积极的自我暗示法　　放松训练法　　马上行动法　　××××法

在不同的情况下，每个人都可能产生焦虑的情绪。焦虑并不可怕，我们要以积极的心态面对它。

我好像不再那么讨厌焦虑了。

我……

当我焦虑的时候，我知道该怎么做了！

所以,当你感到焦虑的时候,请立即尝试和它打招呼,在心中不断问候它:"你好,焦虑!谢谢你的出现!"此时,你再体会一下内心的感觉,跟刚才的焦虑有什么不一样。

心海拾贝

通过学习,你对焦虑还有哪些认识?把这些认识写下来吧!

心海延"深"

焦虑不可怕

绝大多数人的焦虑属于非病理性的,其焦虑反应随情境的变化而变化,具有暂时性、不稳定性的特点。通过学到的各种方法,可以把焦虑水平降低成适度水平。当然,过度焦虑发展到极端可能导致病理性的焦虑。此时,可以求助于专业的心理咨询门诊或者精神科医生。

(节选自《心理健康辅导——个体辅导》,明宏主编,世界图书出版公司,2005年)

青岛南京路小学　曹恩菡　绘

3 "海洋"和"月光"

心海导航

月光恋爱着海洋，
海洋恋爱着月光。
啊！这般蜜也似的银夜，
教我如何不想她？

——刘半农

男生和女生进入青春期以后，生理和心理都发生了很大的变化，女生越来越像月光般柔美，男生越来越渴望像海洋般雄壮。随着男生和女生性意识的逐渐萌发，他们可能会对异性产生好感和爱慕，希望与有好感的异性相互接近、了解、交往并结为朋友，这是一种正常的心理现象。

心海遨游

故事传真

～ 小海的苦恼 ～

小海活泼好动，乐于助人，他很喜欢他的同桌——纪律委员小容。他努力讨好小容，为此，上课坐得端端正正，不打扰小容，有谁破坏课堂纪律，他都帮小容说话。有一天，他给小容写了一封信，表达了自己的爱慕之情，但小容没有回复他的信。小海感到十分苦恼，不知如何是好。

思考讨论

关于小海的苦恼，同学们展开了讨论，你们能回答他俩的提问吗？

男生和女生应当怎样交往呢？

男生和女生以什么方式交往比较恰当呢？

男生和女生在交往中有一定的原则可以遵循：

（1）自然大方地进行交往，建立纯洁的友谊。

（2）学会尊重对方，包括对方的人格、意愿，不随意干扰别人。

（3）学会自爱、自重，并懂得自我保护。

（1）欣赏歌曲《同桌的你》，感受这首歌所表述的情感。

（2）请用彩笔描绘出自己心目中理想的男生和女生交往的情景，或是凭感觉随意涂鸦。当然，可以配上文字说明哦。

我的作品：

青岛镇江路小学　辛佳仪　绘

心海拾贝 ▶

通过学习,你有什么收获?赶紧写下来吧!

（1）既要相互尊重,又要自重自爱。
（2）既要开放自己,又要掌握分寸。
（3）既要主动热情,又要注意交往方式、场合、时间。
（4）真诚相待,自然大方地进行交往,建立纯洁的友情。
（5）_____
（6）_____
……

▶ 心海延"深"

"海洋"与"月光"如何交往？

"海洋"与"月光"在交往中要把握好"自然"与"适度"两个原则。

所谓"自然"原则，就是与异性交往的过程中，言语、表情、举止、情感流露以及所思所想要做到自然顺畅，既不盲目冲动，也不矫揉造作。

所谓"适度"原则，是指与异性交往的程度和方式要恰到好处，应为大多数人所接受。

范围上广而不窄：要广交异性朋友，不应将交往范围只限定在某个或某几个异性同学身上。

程度上淡而不深：语言、行为举止要得体、有分寸。

感情上喜而不痴：可以喜欢，但不应过于痴迷。

[节选自《走出花季雨季的困惑——青春期男女生合理交往的原则》（郑正，《中小学心理健康教育》2009年第24期）]

4 做一条逆流而上的鱼

心海导航 ▶

海洋里一些鱼类因为繁殖、觅食或受季节变化的影响,沿着一定路线有规律地往返迁移,这种现象称为洄游。洄游是一些鱼类的主动、定期、定向、集群的移动,是一种周期性运动。

在学习中,你是不是也有自己的方向、目标和计划呢?

心海遨游 ▶

〜 大麻哈(hǎ)鱼的生命之歌 〜

在每年生殖季节,大麻哈鱼便成群结队地离开海洋进入江河。为了繁殖后代,它们几乎不顾一切,迎着严寒,穿过激流,跃过险滩,溯流而上。它们历尽磨难,奔向它们

的出生地，在那里产卵。产完卵后的大麻哈鱼虽然面目全非，但它们却完成了自己的使命。

同学们，正是因为有了方向和目标，大麻哈鱼才排除万难，勇敢地回到了自己的故乡繁衍生息。

那么，你们现在的方向和目标是什么呢？

心海遨游

我未来的职业

活 动 要 求

想一想，你想成为一名从事什么职业的人？为了实现这个愿望，你需要做些什么？填一填下面的鱼骨图。

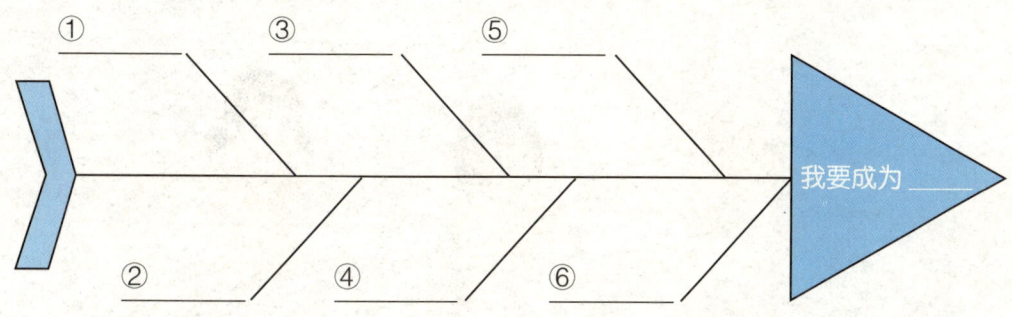

（1）把你的人生目标写在鱼骨图的最右端，即鱼头的位置。

（2）在鱼骨⑥上写上你要完成这个目标所需要的但是又没有的能力。

（3）在鱼骨⑤上写上要完成目标⑥所需要的能力，依次类推至目标①。

（4）在鱼骨图中所列出的每项能力下方，写下你要完成目标所要付出的行动。

（5）检查整个鱼骨图，制定这个周、这个月和今年的时间进度表，以便按照预订的计划去完成你的目标。

1. 设定目标

关于目标的设定，小海、小容和其他同学展开了讨论，你能回答他们的提问吗？

目标的重要性是什么？

怎样设定目标？

设定目标以后怕失败，又担心制定的目标完不成被人耻笑怎么办？

2. 制定学习目标检查表

为了使计划不落空，要对计划的执行情况定期检查，可以制定一个学习目标检查表，把什么时间完成什么任务、达到什么进度列成表格，完成一项，就打上"√"。

详细目标	完成程度			
	时间1	时间2	时间3	时间4
详细目标1				
详细目标2				
详细目标3				
详细目标4				
……				

要制定学习目标，首先要了解自身的学习情况，找出问题所在以及最需要提高或最薄弱的地方；其次要整理出可利用的时间，做出时间安排表，以天为单位；再次要分配好学习、复习时间，有针对性地制订学习计划，逐一执行。

青岛德县路小学　张正诺　绘

📝 **心海拾贝** ▶

通过学习，你对"目标"有哪些认识？把这些认识写下来吧！

📝 **心海延"深"** ▶

科学设定学习目标

科学设定学习目标，通常遵循以下五个步骤。

第一步：确定目标

没有把目标写下来，相当于没有目标，又如何能达到目标呢？从现在开始，把你的目标写下来。

第二步：量化目标

凡是目标，一定要有可衡量的参数，这样才能知道你是否完成目标。

从现在开始,找一个衡量目标的参数。

第三步:设定期限

要设定目标的完成期限。为了更好地完成学习目标,需要按照两个标准来设定:一是时间不要太紧;二是时间不要太松。

第四步:分配目标

目标是需要在一段时间内完成的。因此,你需要把你的目标分拆到每周、每日里面。

第五步:回顾目标

一定要对目标定期回顾:一是回顾任务完成的进度;二是加深对目标的影响。

经过以上五步,你就能很好地完成学习目标了。这是一套比较科学的目标完成法。

青岛嘉峪关学校　宋般若　绘

六年级

1 小海豹的烦恼

心海导航

最近，小海豹的心情有些糟糕，他发现自己的软毛正在褪掉。褪毛是一个很痒的过程。小海豹难受极了，到处蹭痒痒。不仅如此，小海豹还觉得自己难看死了。

处于青春期的你们，是不是也有一些成长的烦恼呢？比如脸上长了小痘痘、有小心事了……我们如何认识和面对成长中的自己呢？

心海遨游 ▶

 故 事 传 真

〜 小海豹的 12 天 〜

一只小海豹从出生到能够独立生存，需要 12 天的时间。第一天，小海豹出生了，娇小柔弱；第二天，他可以吮吸妈妈的奶水了；第三天，他开始在冰面上爬行……接下来的几天里，小海豹学会了游泳、捉鱼、打洞。但是，海豹妈妈却要离开了。她相信，自己的海豹宝宝能经受住大自然的考验，勇敢地活下来。

［改编自《小海豹的 12 天》（保冬妮著，卢瑞娜绘，大连出版社，2015 年）］

 感 知 体 验

刚刚出生 12 天的小海豹，就学会了赖以生存的全部本领。你从小海豹身上学到了什么？把你学到的画出来吧。

我学到了：

和小海豹一样，我们在成长过程中，特别是处于青春期时，身心会发生许多变化。了解和掌握青春期的身心变化规律，对我们顺利度过这一时期无疑是一件十分重要的大事。

青春期有哪些变化

（1）青春期里，我们的身体有哪些变化？

（2）青春期里，我们的情绪会怎样变化？

（3）青春期里，我们的人际关系会有哪些变化？

最近，我的腿总是疼。妈妈说，这可能是缺钙造成的。

总想做些什么证明给家长和老师看。

有时候，我的情绪会莫名其妙地低落，我不想和任何人说话。

青春期是少年身心变化最为迅速和明显的时期。在这个时期，少年从身体、外貌、自我意识及情绪等方面，都脱离了儿童的特征而逐渐成熟起来。这些巨大的变化，会使少年产生不安、焦虑等情绪，甚至不良行为。因此，青春期是一个既可以预测又不可预测的时期。也就是说，在这个时期中，人从儿童向成人发展是可预测的，但是在发展过程中会出现什么情况或问题则不可预测。

心海拾贝 ▶

通过学习，你对青春期有了哪些新认识？写下来吧！

我的新认识：

心海延"深"

青春期心理

青春是多姿多彩的，青春期的心理常常"阴晴不定"。这个阶段的心理是伴随着矛盾逐渐发展的，所以，我们要加强自我认识，掌握自我调节的小窍门。如果还有困惑，可以主动向家人、老师求助哦！愿你的青春更靓丽！

2 情绪为伴，乘风破浪

> 🖉 **心海导航** ▶

鱼类在感知周围环境时，会产生不同的反应。在经过有利或不利的条件训练后，研究人员对海鲷进行了测试，发现海鲷能通过中枢神经系统来应对刺激对自身的影响。

生活中，每个人都会遇到很多或高兴或难过或激动或害怕的事情。情绪是由对事件的认识引起的，不同的人对同一件事会产生不同的情绪，同一个人在不同的时候也会有不同的情绪。

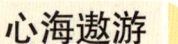 心海遨游

〜 小孔雀鱼的故事 〜

在浅海里，住着一条可爱的小孔雀鱼。这条小鱼可不一般，它长着一条五彩斑斓的尾巴，高兴的时候还会来上一段欢快的舞步。但是有一天，它那引以为豪、充满光彩的尾巴却受伤了，它感到非常沮丧。

这时，一条小篮子鱼看到了沮丧的小孔雀鱼，于是游到它的身边，问道："你好，看起来，你有些难过，是发生了什么不愉快的事情了吗？我能为你做些什么呢？"

于是，它们就交流起来。聊着聊着，小孔雀鱼慢慢觉得，即使没有漂亮的尾巴也没什么大不了的，生活一样可以很快乐、很美好！想到这儿，小孔雀鱼轻松多了。

（1）受伤之前，小孔雀鱼的心情是怎样的？受伤以后呢？

（2）情绪与我们的生活是息息相关的，一说到情绪，你会想到哪些词语？

我想到的词汇：_____

_____。

 感知体验

绘制手掌图

活动要求

画一幅手掌图，将轮廓描粗，在图中手指的位置上画出不同的图案来代表自己的不愉快的情绪，在手掌上对应画出处理这种情绪的方法。

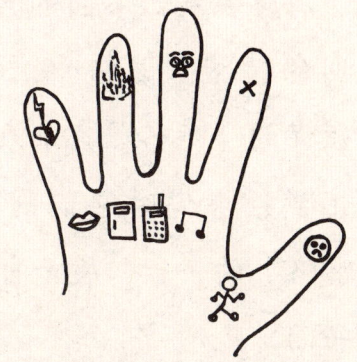

在小组内交流自己处理不良情绪的方法。各小组选派一个代表，与全班同学分享你们小组的方法。

心海拾贝 ▶

通过学习，你有什么收获？把你的收获写下来吧！

（1）_____
（2）_____
（3）_____
（4）_____
（5）_____
……

心海延"深"

悦纳情绪

海豚会发出不同的声音,来表达不同的情绪。愤怒时,它们会发出短促的"咔嗒"声来表达自己的不满;求偶时它们则会发出"咯咯"的声音,展示自己温柔的一面。

人类的情绪也是丰富多彩、与生俱来的。但情绪没有好坏之分。一些看似负面的情绪,如生气、愤怒、悲伤、恐惧等,仅仅是在表达我们内心的感受和需求,这些都是被允许的。我们要学会识别情绪、感受情绪,接纳情绪,了解它所"诉说"的内心需求。

与情绪为伴,在人生的航途中乘风破浪,驶向美好的未来!

3 做善于学习的人

心海导航

海洋里生活着各种神奇的海洋生物。人类从它们身上获得了许多启示和灵感,发明了潜水艇、风暴预测器、螺旋桨等。人类不断向海洋生物学习,创造了更加美好的世界。

青岛文登路小学　徐逸晗　绘

心海遨游

～～～ 海豚与声呐 ～～～

海豚在追踪猎物、躲避障碍物时,头部会发出超声波。超声波遇到目标，产生回声信号，海豚可以根据回声信号来判断猎物或障碍物的位置。海豚利用超声波，可以发现距它 100 米处的一个仅几厘米宽的物体。

通过对海豚这一本领的研究，人们研制了声呐，对水下目标进行探测、定位和跟踪，进行鱼群探测、海洋石油勘探和水文测量等。

1. 我们从小爱学习

人是天地间的精灵，我们从小就开始学习各种本领。七八个月的时候，我们会爬了；到一岁左右，我们开始跌跌撞撞地行走。我们因失败而哭泣过，可我们从没有放弃过！

学习走路是我们每个人都有的经历，不仅如此，我们从一个不懂事的娃娃开始，不断学习，掌握了不少本领！

人从一出生就踏上了学习之路。在成长的每一阶段，我们通过学习，学到了许多本领，真了不起！讨论：我们为什么从小就有那么强烈的学习愿望呢？

2. 我们的学习动机

人不会走路的时候，只能看眼前的东西，会走路后，可以看到更多。

人在小的时候有好奇心，很想了解周围的世界……

小宝宝很单纯，学不会也不觉得丢人，会继续学……

3. 我的赞美诗

活 动 要 求

以第二人称给自己写一首赞美诗，赞美自己幼年时的学习劲头。

给 _____ 的赞美诗

_____
_____
_____
_____
_____
_____

4. 我的学习故事

学习像老朋友一样伴随着我们的成长。回忆自己在学习中最难忘的一次经历，想想当时自己是在学习哪方面的内容、在什么场景中、怎样学习的、学习取得什么成果、内心是什么感受？

活动要求

回忆自己难忘的学习故事，尤其是成功的案例，如考试取得优异成绩等，仔细回忆当时的学习内容、场景和见证人等细节，将所忆、所感借助图文以漫画的形式表达出来。与同伴分享你的学习故事吧。

我的学习故事：

5. 小海的求助信

最近，学校的心理信箱收到了小海的一封求助信，请你帮助他。信的内容如下：

亲爱的同学：

我受到学习的困扰。上次期中检测，我遇到好几道应用题，感觉太难了，真想放弃数学学科的学习。不仅如此，我的英语成绩也下降了，这些都让我对今后的学习失去了信心。可是，我马上要上中学了，真害怕考砸了进不了理想的初中。我需要你的鼓励和学习妙方，请你帮帮我！

着急的小海

活动要求

（1）小组每位成员贡献一句鼓励小海的话，并分享自己的学习经验；

（2）组长汇总组员的建议，提炼出3条，写在心形卡纸上；

（3）小组推选一个代表，向全班同学汇报小组的成果。

心海拾贝

通过学习活动，你对"学习"这件事有哪些新的认识？把这些新的认识画成漫画吧，当然也可以用文字表达出来哟！

我的新认识：

心海延"深"

学习，伴我成长

正如游泳是鱼儿的本能一样，学习也是人的本能。

我们要对世界充满好奇心，对学习保持浓厚的兴趣，积极探索，汲取知识，坚持终身学习。

学习过程中，有很多小窍门值得研究和借鉴，边学习知识边琢磨如何学习知识是很重要的哦！

青岛镇江路小学 贾子煜 绘

4 告别溪流，涌入大海

心海导航

小鲑鱼在一条浅浅的溪流中欢呼跳跃，它每天和伙伴们不断成长，努力前行。告别溪流，它们游向平缓的湖泊；休息片刻，告别湖泊，它们将进入无比广阔的大海……

时光如梭，同学们的童年生活也将要画上句号了。同学们，跟童年告别后，转身就迎来一个新的阶段——中学阶段。这是一个重要的转折点。虽然你们只是从一个校门走进另一个校门，但这却是一个重要的转折点。你们有机会去接受更大的挑战，从而也有机会增长更多的本领。同学们，你们做好准备了吗？

青岛大学路小学　胡安耘　绘

心海遨游

🌊 小鲑鱼成长记 🌊

一条小鲑鱼在江边的石头缝里生存了下来，它熬过了冬天，渐渐长大。春天来了，小鲑鱼便顺流而下，进入湖中生活。它必须时刻保持警惕，避免突如其来的危险。几个月后，小鲑鱼变强壮了，它勇敢地游进了广阔的大海。在无边无际的大海中，小鲑鱼一边努力成长，一边躲避着被捕食的危险。四年过去了，历经无数艰险的小鲑鱼终于长大了。它再次搏击逆流，洄游产卵，完成了自己的使命。

小鲑鱼的成长过程中，充满了各种挑战。恰恰就是这些挑战成就了小鲑鱼，使它变得勇敢又机敏。

亲爱的同学们，你们又该如何告别小学生活，积极面对未来的初中生活呢？

快乐瞬间

随着年龄的增长，你长高了，长大了！你在各方面都有变化，比如学习能力、人际交往能力、性格等等。接下来，让我们共同回忆一下，从一年级刚进校到现在你到底发生了哪些变化，有哪些收获？请在小组里你分享一些有趣的事情和美好的回忆吧！

快乐瞬间：

我的感受：

1. 成长的烦恼

童年是一首迷人的小诗，童年像一条清澈的小河，童年似一缕清晨的阳光。成长带来的快乐，每个人都经历着，感受着。但是，成长的路上也不总是鲜花满地，有时也布满荆棘。让我们敞开心扉，来谈一谈给你留下深刻印象的那些烦恼与教训吧！

我的烦恼：_____
_____。

我的教训：_____
_____。

当我们遇到困难和烦恼时，总离不开爸爸、妈妈和老师的精心呵护，也离不开同学的帮助……

所以，在成长的过程中，我们要学会感恩……

2. 离别赠言，感恩有你

六年的时光漫长而又短暂，两千多个日子里我们共同学习、共同游戏，多少欢笑、多少悲伤、多少快乐、多少眼泪，撒播在我们成长的路上。时光流逝，转眼我们就要离开母校，离开曾经朝夕相处的伙伴了。你们有什么想对同学、老师、母校说的话？现在，请大家把最真实的、最想说的话写下来吧。

同窗小语：

给老师的话：

母校留言：

离别是永恒的话题，离别是说不完的话、唱不完的歌。让我们把对同学的不舍，对母校和老师的爱化作一首小诗，陪伴我们踏上新的旅程吧！

梦中的小伞

八岁时，我梦中的小伞，是学校的老师。

九岁时，我梦中的小伞，是一双渴望的眼睛，是那个求知的童年……

十二岁啦，梦中的小伞已长大，梦中的小伞告诉我，梦中的小伞要飞啦！

飞吧，小伞！牵着我的双眼，牵着我的童心，飞向鸟语的黎明，飞向花香的晚霞，飞向如歌的生命，飞向呼唤我的少年之旅。

心海拾贝 ▶

从小学升入初中，你将会面临许多新挑战，需要学会自我调整，积极适应初中的学习生活。

为了更好地适应中学生活，你有什么想法和打算？

（1）做学习的主人。

（2）优化学习方法。

（3）_____。

（4）_____。

（5）_____。

（6）_____。

> 心海延"深" ▶

初中，我来了

洄游是鱼类一种特殊的生活习性。鱼儿通过洄游，更换生活水域，满足不同时期的需求，才得以顽强地生存下来，并顺利完成繁衍后代的重要使命。

让我们像鱼儿那样，怀揣梦想，告别小学，进入初中，徜徉在更广阔的知识海洋中。愿每一位同学都能激流勇进，成为生活和学习的强者！

初中，我来了！

青岛市市南区实验小学　张栩铭　绘

致 谢

本书在编创过程中，参考使用的部分文字和图片，由于权源不详，无法与著作权人一一取得联系，未能及时支付稿酬，在此表示由衷的歉意。请相关著作权人与我社联系。

  联系人：徐永成

  联系电话：0086-532-82032643

  E-mail：cbsbgs@ouc.edu.cn

图书在版编目（CIP）数据

海之容. 小学心理与海洋融合课程. 四至六年级 / 松梅主编. —青岛：中国海洋大学出版社，2021.11
ISBN 978-7-5670-2734-3

Ⅰ.①海… Ⅱ.①松… Ⅲ.①心理健康—健康教育—小学—教学参考资料 Ⅳ.①G444

中国版本图书馆CIP数据核字（2021）第011739号

出版发行	中国海洋大学出版社
社　　址	青岛市香港东路23号　邮政编码　266071
网　　址	http://pub.ouc.edu.cn
出 版 人	杨立敏
项目统筹	孟显丽
责任编辑	孟显丽　　　　　　电　话　0532-85901092
封面绘图	宋般若
印　　制	青岛海蓝印刷有限责任公司
版　　次	2021年11月第1版
印　　次	2021年11月第1次印刷
成品尺寸	185 mm × 260 mm
印　　张	5.25
字　　数	52千
印　　数	1~2500
定　　价	28.00元
订购电话	0532-82032573（传真）

发现印装质量问题，请致电0532-88785354，由印刷厂负责调换